www.elprincipecentre,com
info@elprinc

ROCKY THE REBEL-ROCKY EL REBELDE

ROCKY was a **REBEL**..

ROCKY *era* ***REBELDE***

He liked to do things **HIS** way

Le gustaba hacer las cosas en SU manera

He didn´t mean to be naughty

No quería ser malo

But sometimes he couldn´t help it.

Pero a veces no podía evitarlo.

MUMMYVICKI said it was because he was just a **BABY**..

MAMIVICKI decía que era porque era un bébe...

A **BABY**?

¿¿¿¡¡¡ Un BEBÉ !!!???

Him?

¿¿¡¡ ÉL ??!!

Oh no, he was **INCHARGE**.

Ah no, ESTABAACARGO.

ROCKYTHEREBEL had been found outside a **DOGREFUGE**

Habían encontrado ROCKYELREBELDE fuera de un REFUGIODEPERROS

Alone in a **CARDBOARDBOX**

Solo en una CAJADECARTON.

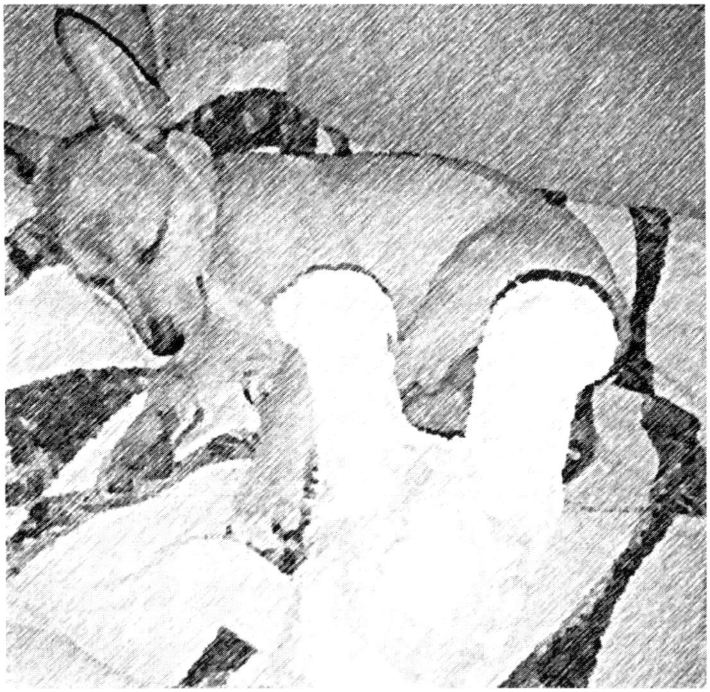

MUMMYVICKI saw him on something called **FACEBOOK**

MAMIVICKI le vio en algo que se llamaba FACEBOOK

She said he was so gorgeous she couldn´t resist

Dijo que era tan guapísimo que no se podía resistir...

Even though she had sworn **"NO MORE ANIMALS"**!!!!"

Aunque hubiera jurado- "!! No más animales !!"

MUMMYVICKI had adopted many rescue animals

MAMIVICKI había adoptado muchos animales sin hogares

Gradually they had aged and died

Poco a poco todos habían enviejado y muerto

But she still had **NAUGHTYTIGRA**

Pero todavía tenía TIGRALATRAVIESA

A **JACKRUSSELL** terrier.

Un JACKRUSSELL

And **ANGELTHEADORED**…

Y ANGELLAADORADA

A fat white cat.

Una gata gordita y blanca.

They were older though and not much fun

Eran mayores y no muy divertidos

For **ROCKYTHE REBEL.**

Para ROCKYELREBELDE

ROCKYTHEREBEL just didnt understand why they didn´t want to play..

ROCKYELREBELDE simplemente no entendía por que no querían jugar...

Ok **NAUGHTYTIGRA** was 17 now

Bueno, que TIGRALATRAVIESA ya tenía 17 años

And not really that **NAUGHTY** any more

Y de verdad no era tan TRAVIESA como antes

Ok she was **BLIND** and **DEAF**

Bueno, que era CIEGA y SORDA

and had no **TEETH**

Y no tenía DIENTES

But really?

Bueeeennnnoooo.

NAUGHTYTIGRA would play with **ROCKYTHEREBEL** for a little while

TIGRALATRAVIESA jugaba con ROCKYELREBELDE un rato

But she would get tired so quickly…

Pero se cansaba tan pronto….

MUMMYVICKI would put **NAUGHTYTIGRA** in a big chest

MAMIVICKI metía TIGRALATRAVIESA en un cofre grande

Where **ROCKYTHEREBEL** couldn´t get her.

Donde ROCKYELREBELDE no podía alcanzarla.

Really? How boring..

¿¿Ah sí?? !!Que pesado!!

ANGELTHEADORED was only 12,

ANGELLAADORADA solo tenía 12 años.

So who knew why she never wanted to play...

Entonces quien sabía por que no quería jugar...

She hissed and spat and had very sharp claws.

Bufaba y escupía y tenía uñas muy afiladas.

So **ROCKYTHEREBEL** didn´t bother much with her...

Entonces ROCKYELREBELDE no metía mucho con ella.

ROCKYTHEREBEL just couldn´t keep still

ROCKYELREBELDE no podía quedarse tranquilo

MUMMYVICKI said he was **HIGHONLIFE.**

MAMIVICKI decía que estaba DROGADACONLAVIDA

And seeing him so happy made her happy too.

Y que verlo tan felíz le hacía felíz también

ROCKYTHEREBEL wanted to make her happy

ROCKYELREBELDE querìa hacerle felíz

Sometimes she seemed so sad

A veces parecía tan triste

When problems got her down

Cuando los problemas le deprimían

But he would always make her smile with his funny ways.

Pero siempre le hacía sonreir con su actitud graciosa

He was **INCHARGE**

Estaba ACARGO

It´s true that **MUMMYVICKI** wasn´t smiling much one time

Es verdad que MAMIVICKI no se sonreía mucho

When **ROCKYTHEREBEL** chewed up her computer keyboard

Cuando ROCKYELREBELDE masticó el teclado de su ordenador.

He had to hide under the chair

Tuvo que esconderse debajo de la silla

As **MUMMYVICKI** was shouting so much

Como gritaba tanto MAMIVICKI

But before long she forgave him

Pero antes de poco le perdonó

And it was treats and cuddles as usual.

Y empezaron los premios y mimos de nuevo.

He was **INCHARGE**

Estaba ACARGO

ROCKYTHEREBEL got bored easily

ROCKYELREBELDE se aburría con facilidad.

He loved to shred tissues and paper to entertain himself.

Le encantaba romper pañuelos y papel para entretenerse.

The other thing he loved was to **PLAYBALL**

La otra cosa que le encantaba era JUGARPELOTA

Where he made **MUMMYVICKI** chase him.

Donde hacía a MAMIVICKI perseguirle.

Not to give it her back to throw it again!!

¡¡No para devolversela para tirarla otra vez!!

Where was the fun in that?

¿¿Dónde estaba la diversión en eso??

He would tease her with it and run away…

Le tentaba con la pelota y huía.

He was **INCHARGE**

Estaba ACARGO

ROCKYTHEREBEL loved his walks too,

ROCKYELREBELDE le encantaba pasear también.

Especially in the **COUNTRY**.

Especialmente en el CAMPO

He loved to **RUN**...

Le encantaba CORRER...

And **RUN**...

Y CORRER...

And **RUN**....

Y CORRER...

He **NEVER** got tired.

NUNCA se cansaba-

He liked to go to the highest point he could and look all around him.

Le gustaba subir al punto más alto y mirar a su alrededor.

He was **EAGLEEYED.**

Tenía OJOSDELINCE.

He could spot any **DOG, CAT, JOGGER, CYCLIST**, or **WALKER.**

Podía detectar cualquier PERRO, GATO, CYCLISTA o TRANSÚENTE.

And go to **INVESTIGATE**

Y ir a INVESTIGAR.

He was **INCHARGE.**

Estaba ACARGO.

MUMMYVICKI had bought a **PINKVAN.**

MAMIVICKI había comprado una FURGONETAROSA.

ROCKYTHEREBEL loved to go for an **ADVENTURE** in it.

ROCKYELREBELDE le encantaba ir en AVENTURA en ella.

BEACH, COUNTRYSIDE, MOUNTAINS.

PLAYA, CAMPO, MONTAÑAS.

Even **SUPERMARKETS** and **SHOPS**

Hasta SUPERMERCADOS y TIENDAS.

Everywhere was an **ADVENTURE** for **ROCKYTHEREBEL**.

Cualquier lugar era AVENTURA para ROCKYELREBELDE.

He loved the **PINKVAN.**

Le encantaba la FURGONETAROSA.

MUMMYVICKI had put a chair in the **PINKVAN.**

MAMIVICKI había puesto una silla en la FURGONETAROSA.

And he loved to sit in it - high up.

Y le encantaba sentarse encima- arriba alto.

He could see **EVERYTHING.**

Podía ver TODO.

He was **INCHARGE**

Estaba ACARGO

When he was a **PUPPYDOG**

Cuando era CACHORRITO

He would pretend not to hear **MUMMYVICKI** when she called.

Fingía no oir MAMIVICKI cuando le llamaba.

Calling him always meant something boring.

Llamandole siempre significaba algo aburrido.

Like **BACKONLEAD** or **BACKINVAN** to go home.

Como CORREA o FURGONETA para volver a casa.

MUMMYVICKI seemed to get a bit annoyed by this.

Esto parecía molestar a MAMIVICKI un poco.

She bought a **WHISTLE** and

Compró un silbato y

ROCKYTHEREBEL couldnt ignore this.

ROCKYELREBELDE no podía ignorar esto.

And **MUMMYVICKI** gave him a **TREAT** when he came back.

Y MAMIVICKI le dio premios cuando volvía.

How could he resist,,,?

¿Cómo podía resistir?

ROCKYTHEREBEL became a little bit less rebellious.

ROCKYELREBELDE se hizo un poco menos rebelde.

Then one day **MUMMYVICKI** was crying-

Un día MAMIVICKI estaba llorando-

And she took **NAUGHTYTIGRA** away to the **VET**

Llevo a TIGRALATRAVIESA al VETERINARIO.

And when she returned…

Y cuando volvió…

NAUGHTY TIGRA didn´t come back with her.. ☹

TIGRALATRAVIESA no volvió con ella… ☹

MUMMYVICKI explained that

MAMIVICKI* *expliquó que

It had been time for **NAUGHTYTIGRA**

Había sido la hora para TIGRALATRAVIESA

To cross over **THERAINBOWBRIDGE**.

Para cruzar LAPUENTEDEARCOIRIS.

NAUGHTYTIGRA would be happy there.

TIGRALATRAVIESA estariá felíz allí.

Playing with **GOODBELLA**.

Jugando con BELLALABUENA.

Another little dog **MUMMYVICKI** had adopted before.

Otra perrita que MAMIVICKI había adoptado antes.

ROCKYTHEREBEL didn´t really understand.

***ROCKYELREBELDE* no endendía exactamente.**

But he knew **MUMMYVICKI** needed him now more than ever

Pero sabía que MAMIVICKI le necesitaba ahora más que nunca.

He gave her as much love as possible,

Le daba tanto amor como posible.

After all he was **INCHARGE**.

Después de todo estaba ACARGO.

Then, **DISASTER**...

Después.... DISASTRE...

ANGELTHEADORED got ill ....

ANGELALAADORADA se enfermaba...

MUMMYVICKI took her to the vets.

MAMIVICKI le llevó al VETERINARIO.

She got better!!

¡¡Se recuperó!!

Then she got ill again...

Entonces se enfermó de nuevo...

And suddenly one sad Sunday-

Y de repente un domingo triste-

She crossed over **THERAINBOWBRIDGE** with **NAUGHTYTIGRA** and **GOODBELLA**.

Se cruzó LAPUENTEDEARCOIRIS con TIGRALATRAVIESA y BELLALABUENA.

MUMMYVICKI was heartbroken again...

MAMIVICKI tenía el corazón roto de nuevo...

ROCKYTHEREBEL did all he could to make her laugh and not feel so sad...

ROCKYELREBELDE hacía todo que podía para hacerle reirse y no ser tan triste.

He was **INCHARGE, THEDOGOFTHEHOUSE.**

Estaba ACARGO, ELPERRODELACASA.

MUMMYVICKI took him for a **CHIP**.

MAMIVICKI le llevó para un CHIP.

Which apparently meant he could always be found.

Que por lo visto significaba que él siempre podía ser encontrado.

If he ran off as sometimes he did when he got too excited

Si se escapó como a veces hizo cuando se puso emocionado.

Though the whistle had helped with that.

Aunque el silbato había ayudado con eso.

The **VET** checked him over with the machine and...

El VETERINARIO le revisó con la maquina y...-

He already had one!!

¡¡Ya lo tenía!!

This was a big mystery.

Esto fue un misterio grande.

The number wasnt registered anywhere.

El número no fue registrado en ningún sitio.

When they went back to the **VET** it couldn´t be found this time!!

¡¡Cuando volvieron al VETERINARIO no podían encontrarlo esta vez!!

MUMMYVICKI said **ROCKYTHEREBEL** was an **ALIENDOG**.

MAMIVICKI dijo que ROCKYELREBELDE era PERROEXTRATERRESTRE.

And must have been dropped from a **SPACESHIP!!**

Y que ¡¡debería haber sido tirado de un OVNI!!

But it just made her love him more...

Pero por esto le quería aún más...

Every day she told him how special and handsome he was.

Cada día le decía que especial y guapo era.

And that he had kept her going.

Y que a ella le había animado.

After losing **NAUGHTYTIGRA** and **ANGELTHEADORED.**

Después de perder TIGRALATRAVIESA y ANGELALAADORADA.

She told him he was **EXTRASPECIAL**-

Le dijo que era EXTRAESPECIAL-

Because he had two extra toes on his back paws!

Porque itenía dos dedos extra en sus patas detrás!

Like a **DRAGON** ...

Como un DRAGON ...

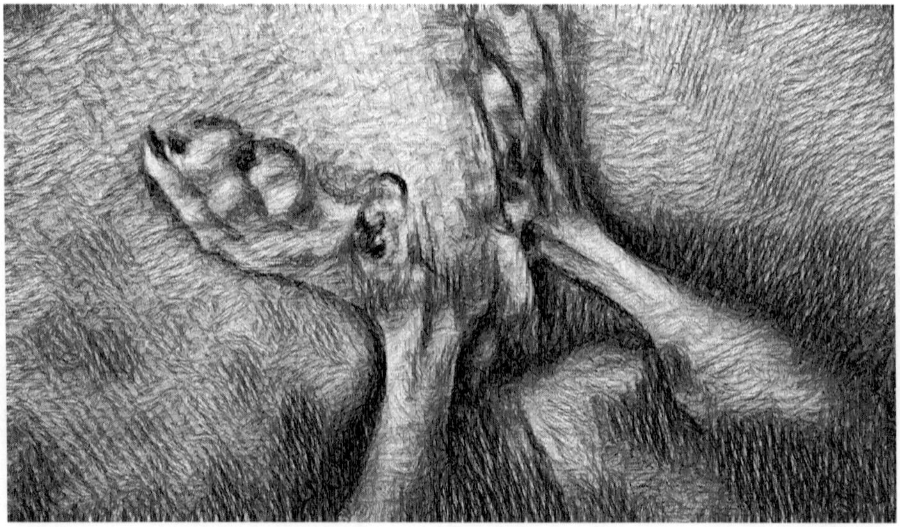

He was **INCHARGE..**

Estaba ACARGO...

ROCKYTHEREBEL was happy mostly.

ROCKYELREBELDE estaba más o menos feliz.

But he didn´t like it when **MUMMYVICKI** was working-

Pero no le gustaba cuando MAMIVICKI estaba trabajando-

And he had to be alone.

Y tuve que estar solito.

One day there was a knock on the door.

Un día alguien llamó a la puerta.

In came a strange woman with a funny furry white bundle.

Entró una mujer desconocida con una pelotita peluda y blanca.

A tiny white puppy with wispy white hair and a high-pitched bark.

Un cachorrito pequeñito con pelo blanco y tenue con una ladra estridente.

MUMMYVICKI said **"MERRYCHRISTMAS"**.

MAMIVICKI dijo "FELIZNAVIDAD".

Meet **RILEYTHERECOVERED**.

Te presento a RILEYELRECUPERADO.

At last a dog with the same energy as you!!

¡¡Por fin un perro con la misma energía como tú!!

ROCKYTHEREBEL had a little brother.

ROCKYELREBELDE tenía un hermanito.

But he was **INCHARGE!!!**

Pero estaba ACARGO él !!!

Printed in Great Britain
by Amazon

38435547R00031